잔잔한 물결

지성智成 **정 정 춘** 시집

다솜출판사

▎시인의 말 ▎

　어느 날 성지곡 수원지에서 햇살에 반짝이는 물결을 보았다. 마치 춤추는 여인의 부드러운 손놀림처럼 한들거리고 있었다. 거기에서 어머니와 아내가 보였다. 그 물결을 보고 있으면 말할 수 없는 기쁨과 평안이 몰려와 오랫동안 자리를 뜰 수가 없었다.

　예전에 느끼지 못한 감정에 사로잡혀 돌아왔지만 잔잔한 물결이 주는 무언의 의미를 느끼게 되어 시를 써야 하겠다고 마음먹었다. 틀림없이 더 값진 삶의 일부가 되리라는 믿음이 생겼다. 감성이 녹슬기 전 나는 지체 없이 시의 세계에 뛰어들고 싶은 충동이 더 강하게 다가왔다. 어디서나 아름다운 언어를 찾아낼 수 있는 시 공부를 해야겠다는 결심을 늦게나마 하게 되었다.

　그러던 중 여러 곳에 문을 두드리던 가운데 부산대 명예교수이신 최원철 교수님을 만나 배움의 길을 열어 주셨다. 그래서 시의 문을 열 수 있는 은사님으로 모시게 되었다. 깊이 감사드린다.

아울러 많은 성의와 경제적으로 힘껏 도와준 아내와 자녀들에게 고마운 마음을 표하고자 한다.

앞으로 얼마나 많은 기회가 주워질지 모르지만 최선의 노력을 하고자 한다. 이 첫 시집에 대해서 주위 많은 선배님이나 관심이 있는 분들의 지도와 편달을 바라는 바이다.

2025. 5.

정정춘

차 례

시인의 말

────── 제1부　밤하늘에 그리는 마음 ──────

그리움은 시詩가 되어 / 2
밤하늘에 그리는 마음 / 3
동해를 바라보는 망부석 / 4
어머니의 품 / 5
추억이 시詩가 되면 / 6
그리움 / 7
비속의 그리움 / 8
커피 한 잔의 행복 / 9
후회 / 10
정관가는 길 / 12
위대한 생각 / 13
강물의 수난 / 14
어촌 외갓집 / 15
맨발의 해안海岸 길 / 16
수평선 / 18
잔잔한 물결 / 20
섬들의 욕망 / 21

항구의 열기 / 22
끝없는 항해 / 24
서생포 왜성 / 26

──── 제2부 소꼴 먹이는 날 ────

3월의 봄 / 28
소리 없는 성장 / 29
대지大地의 수난受難 / 30
소꼴 먹이는 날 / 32
한여름에 일어난 일 / 33
더위 / 34
지독한 더위 / 36
밤栗 / 37
계곡 / 38
호수에 비치는 가을 / 39
굴국밥 / 40
까치집 / 42
가장家長 / 43
날개 / 44
가버린 가을 / 45
까치밥 / 46
겨울 / 47

열두 달 / 48

송년 / 49

──── 제3부 파도의 꿈 ────

등대 / 52

파도의 꿈 / 53

깃발 / 54

여유 / 55

친구 맞이하는 마음 / 56

추억 나들이 / 57

산복도로 / 58

부끄러운 추억 / 60

허무한 절규 / 61

흔적 / 62

탐욕의 벌레* / 63

재래시장 / 64

저울을 보며 / 66

오솔길 / 68

동그라미 / 69

숙제 / 70

과속의 요트 / 71

노숙자 / 72

동상이몽 / 74

버려야 하는 것들 / 75

쉼표 / 76

──── 제4부 종소리 ────

종소리 / 78

아가페 사랑 / 79

인자人子 / 80

기도 / 82

회개 / 83

가시 / 84

봉덕사종 / 86

바라는 마음 / 88

삶의 조건 / 89

필요한 저울 / 90

광안리 해변 / 91

몰운대 / 92

노벨의 깃발을 꽂다 / 93

무명인 / 94

안내자 / 95

탐욕의 종말 / 96

작품 해설 - 최원철 / 97

제1부 밤하늘에 그리는 마음

그리움은 시詩가 되어

비탈길에 구부러진 노송
얼마나 고통스러웠으면
허리 한번 펼 수 없었을까?

가지 끝마다 돋아난 슬픈 추억들이
세찬 바람에 매달려 있다

솔방울은 노송의 삶을 품어
풍상에도 언어를 다듬어 안고
익을 대로 익은 이야기들
하나하나 내 가슴에 박힌다

세월이 흐른 후 퇴색된 낙엽
홀로 떠나기 두려운지
텅 빈 허수아비가 되어 들판에 서 있다

나는 몇몇 기억을 되찾아
가슴에 남아있는 애중愛重한 언어들을
소생蘇生 시킨다

지난 추억을 소중한 정성으로
시詩를 읊고 쓰고 싶다.

밤하늘에 그리는 마음

어머니와 함께 별을 쳐다보던 어린 시절
아름답던 별들이
오늘따라 점점 빛을 잃어가지만
날개 돋친 천마를 타고 뭇 별들 사이를
지나는 페가수스*가 되어
시(詩)의 세계를 향해 달리고 있다

동굴 같은 침묵의 밤에
별처럼 많은 대화를 되뇌였던 지난날
지금,
어머니는 어느 별에 계시는지 알고 싶어
추억의 낱장을 넘겨 가며
하나하나 기억을 되살려 노트에 쏟아붓는다

밤하늘 고요 속에서도
빛을 내는 별들
은하수 곁에 내 마음을 그려 넣고
시(詩)로 색깔을 덧입히고 있다

* 페가수스별 – 그리스 신화에 나오는 날개 달린 천마

동해를 바라보는 망부석

치술 령 거센 바람을 견디며 동해를
바라보는 여인의 염원
끝내 망부석 되어
푸른 수평선을 바라보고 있다

현해탄을 건너온 사람도 있었지만
엽서 한 장 받지 못한 서운함이
가슴에 못내 멍이 되었다

기다림은 환희도 아픔도 아닌
괴로움 뿐이지만
아침 까치소리에 마음만 설렌다

못 올 사람을 기다리는 마음
무겁기만 한데
아직도 거센 바람에
매 말라버린 초목들만
슬프게 흔들리고 있다

어머니의 품

언덕에 앉아 바라보는 바다
모든 더러움과 정갈함을 함께 품으며
출렁이고 있다
내 어머니 가슴 같다

굶주린 어머니
떡 한 조각을 품에 안고
자식 위해 십리 길을 걸어온
엄마는 지금 보이질 않는다

깊은 바다까지 품고 있는
어머니 가슴
가진 것 없이 자식 위해 살았던
무한한 사랑만 덩그러니 남아 있을 뿐이다

모정은
외침이 아니고
가슴에서 우러나는 진정한 사랑이기 때문이다

추억이 시詩가 되면

세상 밖으로 나오지 못한
온갖 사연辭緣들
몸속에서 곤히 잠자고 있다

형형색색 아름다운 이야기들
계절마다 고비마다 디딤돌 된
나의 아내

봄에 싹튼 생명이 여물어지는
가을이 오면
우리의 여정旅程은 추억의 시詩를 낳는다

아내와 함께 밤을 지새우며
정情을 나눌 때
쌓여있는 언어들이
동면에서 깨어나 시작詩作을 준비 한다

그리움

잊어야 할 추억 잊지 못해
까만 밤 지새우며 몸부림치고 있다

아픔을 잊게 하는 약은 망각일지 모르지만
녹 쓸지 않는 기억은
때때로 나를 채찍질한다

덕지덕지 달라붙은 폐가(廢家)의 벽지처럼
가슴 가득히 널브러진 기억들이
숨통을 조여 온다

신경 전달 물질이 끊어져
그리움을 재생할 수 없다면
아픔이 상실되겠지만
독이 될 것이 뻔하다

어느 날 갑자기 신기루처럼
내 곁에 나타난 추억들
기다림도 아픔도 사라져 버리고
그리움이 고개를 든다

멀리 있을수록 더해지는 애틋한 마음
잊으려 하지만 잊히지 않는다

비속의 그리움

나뭇잎 사이로 흩날리는 비
유리창에 달라붙어도
곧 흩어진다

타래실 풀리듯 내리는 빗줄기
방울방울 떨어져
아련한 그리움이 된다

쏟아지는 비에
맥없이 떨어지는 그리움은
나의 아픔으로 남아 있다

커피 한 잔의 행복

태운다는 것은 거듭나는 것일까

몸 안 가득한 향내에 못 이겨
밖으로 나와
커피 한 잔 속에서 그대를 만난다

끝없이 나누는 대화나
침묵 속에서 일궈내는 외침도
삶의 향기를 아름답게 만드는
한 잔의 커피

그대는 내 속에
나는 그대 속에
자리함을 알게 된 이야기가
행복하게 만든다

후회

산골짝 약수터에서
두 해 가까이 눈치 보며 길러온 물
물맛이 부드럽고 잡냄새가 없지만
실험 결과 음용 불가 판정으로 폐쇄되었다

상사의 잔소리와 모욕적인 언사에
끝내 도중하차한 실업자
자식 앞에 눈물 감추며 함께 마실 물조차 없어
바다로 향한 떠나는 어부가 되었다

뒷담에 자라난 감나무 가지마다 별들이 내려앉아
이슬 머금고 자란 탐스런 홍시들
이제 까치밥도 없어졌다
평화로운 과거가 그리워진다

살아생전 태산 같은 모정의 어머니
잠시만 없어도 죽을 목숨 같은데
이렇게 소중한 줄 미처 몰랐다

어머니께 무덤덤했던 지난날
생각을 하면
후회가 돌덩이처럼 굳어져 간다

정관가는 길

한겨울 모진 날들
머리카락에 고드름 털어내면
마음은 희망의 기쁨을 가지게 된다

웅천에서 정관가는 꼬부랑 길은
길게 이어진 벚꽃 길이다

오가는 시선視線을 빼앗아
쉬다 갈 수 있게 붙들어 놓고
찌든 삶
꽃 열기로 태워
향기 나는 여유를 누리게 한다

내 마음이 꽃 길에 취할 때
급하게 떠나는 서러운 꽃
가슴 깊은 곳에 되살아나
시들지 않는 꽃으로 머물면 좋으련만……

위대한 생각

작은 언덕 앞에 두고
가쁜 숨 몰아쉰다

툭하면 오르고 싶은 욕망
사라지지 않는다

아름다운 꽃들을 눈앞에 두고
미로에서 빠져 나오지 못하는
시詩의 세계

키스보다 더 달콤한 시어詩語들
이제 포기 할 수 없다

나그네 삶 끝나는 날까지
시詩의 세계에서 맴돌다 떠나고 싶다

강물의 수난

강이 되다니
바위틈에서 흘러내린 물은
몸을 낮춰 아래로 흐른다

골짜기에서 흐르는 물도
같은 혈육이라 서로 껴안는다

내려갈수록 불어나는 시냇물
흐르다 막히면 돌아가고 갇히면 머물기도 한다

서로 모여 비대해진 몸에
씻을 여유가 없어
자정自淨의 능력을 상실한 채
오염에 몸부림치고
고독 속에서는 몸살을 앓는다

강물의 생명을 빼앗는 사람들의 오만傲慢이
목을 조여 오지만
늦게나마 삶을 부끄럽게 느낀다

인간의 어리석음이 언제쯤 고쳐질는지...

어촌 외갓집

바람조차 막을 대문이 없고
왕래가 자유로운 동네
인기척 없는 골목길에 강아지가 순찰하고
목줄에 묶인 큰 개들은
문 앞에서 졸고 있다

수백 년 이어온 어촌마을
포구 바람조차 막을 대문이 없고
왕래가 자유로운데
포구에 정박한 고깃배는 출항 준비에
바쁘다

해변 가까운 곳에 고달픈 숨비 소리가
심금을 울리고
바위의 허들을 넘나들며
전복 해삼을 따던
젊음의 잔뼈가 굵어진 마음의 고향
제전*에는
나의 외갓집이 있다

* 울산광역시 북구 제전동

맨발의 해안海岸 길

비가 내리는 해운대 앞바다
우산이 없이 침묵에 잠긴 해수욕장에
바람을 막는 일은 운무가 대신 한다

요동하지 않는 5월의 허기진 바다는
해변에 가만히 누워있을 뿐이다

삼베 홑이불을 펼쳐 놓은 듯
고운 갈색을 띠고 있는 해안의 모래밭
어릴 적 뒹굴며 놀던 놀이터이다

꿈을 품고 걸어가는 아이나
추억을 그리워하며 걷는 어른들
모래 위 나란히 찍힌 발자국마다
다정한 정이 소복이 담겨져 있다

잔물결에 남긴 발자국에 추억을 지워 나갈 때
내가 가졌던 결단의 시간이 사라질까
조마조마한 마음이 생긴다

언제나 기쁨이 내 가슴에 몰려와
스펀지를 밟듯
부드럽고 푹신한 해안
끝없는 사랑이 출렁이고 있다

수평선

바다와 하늘이 닿는 곳
수평선엔 일터가 있고
꿈과 희망이 있다

마법의 성처럼
호기심은 바다 끝에서 손짓하고
가로로 길게 누어있는 수평선이
나를 유혹하고 있다

탐험가처럼 목숨 걸고
찾아간 바다 끝에는
수평선도 없고 꿈도 없었다

바다의 신기루인 수평선
닿아가는 거리만큼 멀어져
도달하지 못하는데
늘 내 앞에 서서 손짓만 한다

끝내 뜻을 이루지 못하고
실망만 가득 싣고 돌아온 내 마음

희망에 부풀어
꿈의 성취바라는 수평선으로
떠날 때가 가장 행복한 순간임을
이제야 알게 되었다

잔잔한 물결

여명을 깨우는 파도에
굽이치는 해안선을 휘감는 은파
수많은 세월 동안 물 위에서
백조의 춤을 추고 있다

뒤꿈치를 들고 물 위를 조용히 날고 있는
푸른 꿈
여린 가슴에 사랑이 꿈틀대고
달빛이 물결 위에 은가루를 뿌리면
축하의 향연이 시작 된다

찬란한 쌍무지개가 물결 위에 뜨고
해변에 은파가 반짝이면
내 마음속
잔잔한 물결에 기쁨이 인다

나는 다시 태어나
고요히 은빛 물결에 내 마음을 적시며
하루가 조용히 저물고 있다

섬들의 욕망

섬들이 품고 있는 은빛 물결은
파도가 뱉아내는 서러움이었다

파도의 노여움에 갈가리 찢긴
몸뚱이
여기저기 수면 위에 흩어진 섬들
찾아 헤맨 어머니는 보이지 않고
수많은 세월만 흘러갔다

지금은 한가롭게 배들이 떠 있는
평화롭고 아늑한 한 폭의 그림 되어
행복해 보이는 주민들이지만
인간의 고뇌가 그물망에 걸려
몸부림치는 아픔을 겪는 것을 본다

섬의 아비를 찾고 싶은 욕망
남해 연안沿岸의 천왕봉을 샅샅이 헤맨다

항구의 열기

욕망이 출렁이는 항구
생명의 열기는 꺼지지 않는다

출정을 기다리는 병사처럼
염원의 깃발을 돛대에 달고
만선의 열망은
벌써 수평선 너머에 가있다

가슴에 품고 있는 출정의 고동
파도에 부딪치고
바람에 휘둘려도
불굴의 투지로 나선다

바다가 작업 종료를 명하면
거친 선원들은 순한 양이 되어
항구로 돌아온다

진득한 사랑이 배여 있는 항구에는
뭍의 여인들이 귀향을 바라는 기도가
어미의 마음보다 진하다

만선 아니어도 반겨주는 환호
사나이들은 개선장군이 되어
항구의 사랑은 점점 여물어간다

끝없는 항해

시작詩作은 사물을 통한 내면을 나타내는
신비한 노래

힘든 연단의 고비를 넘어
시인이 되고 픈 마음이지만
왠지 발걸음이 무겁다

산을 모르는 사람이 혼자 등반하기가
매우 힘들듯
천리를 가야 할 동료가 필요하고
목적지를 가기 위해 나침판과 등반 장비가
필수품이다

사교성이 없고 무거운 나이를 짊어지고
헤매는 나
소중한 시작詩作의 길을 갈 벗들을 만났다

어두운 밤하늘에 별이 되어주고
이정표가 있는 곳을 아리 켜 준 동료들

우리가 즐겁게 하는 한마디 말마다
시어詩語가 살아 꿈틀거려
이들과 함께 넓고 광활한 푸른 바다를
항해하고 싶다

서생포 왜성

서생포 성안
성벽 바위틈마다 고이 잠든 선조들의 넋
장구한 세월 못 다한 한恨이
벚꽃으로 승화하여
가지마다 만개했지만
바람에 떨어지는 꽃들의 승무僧舞
성안 가득 진혼제를 연다

천만년 지켜야 할 조국祖國의 안위 위해
왜적과 싸우다 초개같이 버린 목숨
이 땅을 짓밟은 왜적들을 조롱하듯
연분홍 꽃 되어 하늘에 휘날린다

통절함을 잊지 못한 그날
성안을 메꾸는 애통한 눈물
떨어지는 꽃잎에 젖어 쌓이기만 한다

아, 거룩한 영혼들
영원한 역사에 남을 고귀한 희생
저 아래 지난날의 포구가 점점 사라지는 구나

제2부 소 꼴 먹이는 날

3월의 봄

실낱같은 생명의 탄생을 보고
웃음을 즐길 여유가 생겼다

바람이 불면 꺾여버릴 육신이지만
고통 속에서 강인한 목숨은
모태에서 얻은 유전이다

갓 결혼한 신혼부부의 사랑이
절개가 질투의 눈으로 변신할 때
가정에 울타리가 쳐진다

동면 속에 숨죽이며 버텨온
연약했던 숨소리가 잠에서 깨어
기지개를 켜며 바깥나들이에 바빠진다

꽃망울의 산고를 치를 즈음
대지는 푸른 물결로 뒤덮인다

3월은 빠른 걸음으로
대지에 생기를 불어넣고
3월의 산마루를 넘는다

소리 없는 성장

봄볕이 나뭇가지마다
생명을 싹틔우면
농부의 손길이 바빠진다

고요 속에서
푸른 욕망의 꿈으로 성장하며
숲속 아늑한 안식처를 제공한다

하루가 다르게 부풀어 오르는
힘찬 성장
침묵 속에 훈련받아 숙달된 병사처럼
농부는 호기롭다

계절이 바뀔 때마다
나무는 잎을 키워 숲을 만들고
단풍마저 우리에게 기쁨을 준다

외모를 갖추기 위해
수많은 외침보다 더 큰 울림을 안겨 주는
소리 없는 성장이
경이롭다

대지大地의 수난受難

대지大地의 진피 속에 뿌리를 박고
세상에 나온 초목들
들판을 채우고 숲을 이루면
동물들의 본향이 된다

계곡에서 강에서 바다에서
제각기 터전을 잡고 살아가는 생명들
삶의 질서에 따라 번성을 누린다

인간의 탐욕이 삶의 규칙을 어기면
하늘이 노해 삶의 터전을 뒤 흔든다
태풍이 바람을 몰고,
비를 몰고 와서,
비명 같은 바람 소리로 함께 바다를 만든다

틈만 나면
성냥갑 같은 콘크리트 집을 짓고
거리와 공간마저 지키지 못한 채
널따란 공연장에 빼곡하게 들어선 사람들
공연이 무르익기도 전에 숨쉬기 거북해
입장을 후회 한다

사과나무는 더위를 피해 북으로 이동하고
소나무는 변화하는 기후에 죽어가고 있다
땅과 하늘은 오염으로 본성本性을 지키기 위해
안간힘을 쓰고

대지大地는 인공물에 짓눌려 수난을 당해도
편들어 주는 자가 없다

인간은 자책감 없이 땅과 하늘만 원망한다
삶의 공간이 줄어든 생물들은 얼마나
이 땅에서 오래 버틸 수 있을지....

소 꼴 먹이는 날

고삐를 잡은 어린 소년
암소 그림자 따라 산으로 간다

여기저기서 모여드는 친구들
각자 소뿔에 고삐를 감아올리고
제 할 일이 바쁘다

망개 열매 따다가 목에도 걸고
도라지며 잔대를 캐는 아이들
때때로 시원하게 누워 구름을 친구삼아
자유와 평화를 누린다

서쪽 산등성이에 해가 도달하기 전
아이 하나가 소를 몰고 오면
나머지 소들이 따라오는
옛 시골의 풍경을 잊을 수 없다

워낭소리 앞세우고 내려오는 산길
노을빛 아름답게 비춰주는 고향 언덕
소먹이던 그때가 그리워진다

한여름에 일어난 일

뜨거운 태양열에 도망간 구름
바람까지 옭아매어
아스팔트길을 녹이는 여름 날씨

머리 위에는 화롯불처럼 여름이 활활 타오르고
몸속 수분 말리는 뜨거운 건조기 되어
물을 마셔도 소용이 없다

한여름 가마솥 앞에 앉아
나를 위해 약을 달이기도 하고
더운 날씨에 콩밭을 매고 있는 어머니

잎들도 지쳐 그늘에도 숨이 턱턱 막히는
익을 대로 익어가는 삼복더위
무너진 집 더미 속에 어린 자식 끌어안고
대를 이어 갈 씨앗을 건져 낸다

화덕을 들락거린 쇠는
보검으로 달구어지고
한여름 버틴 몸은 강철이 된다

더위

더위가 갈 길을 잃었는지
제자리에서 맴돌고
가야 할 방향을 찾지 못한다

가을이 제때 오려 하지만
여름이 비켜줄 생각도 없다

사람도
동물도
초목도
빨리 떠나가길 원하는 여름인데
누가 너를 잡아두려 한단 말인가?

몸단장에 바쁜 초목
뜨거운 열정을 진흙 속에 묻고
더위에 제 몸 하나 간수하기가 힘겹다
여름에 타버린 재만 바람에 허망하게 날리고 있다

가을이 오면 만나자고 약속한 연인들
기다리는 시간이 길게 느껴지고
마음은 플라타너스 잎처럼 타들어간다

계절의 순환조차 멈추게 한
황소고집 같은 더위를 누가 꺾을까?

여름이 너무 덥다

지독한 더위

푸른 날개를 달고 사방을 쏘다니는 더위
견디다 못한 플라타너스는
초록빛을 잃고 누렇게 타들어간다

동물들도, 양어장 물고기도
더위에 쓰러져 목숨까지 잃고
숨이 끊어진 혼백들이
하늘을 원망해도 소용이 없다

바람이 더위에 지치고
그늘도 열기에 갇혀 있을 때
담을 타고 넘는 호박 덩굴은
남의 집을 엿보며 가을을 기다린다

너무 더워
생각도 타버렸는지 머릿속이 텅 비워있다

가을이 오면
머릿속을 가을로 가득 채우고 싶다

밤栗

가지에 매달려 보낸 시간들
아래를 내려다보는 마음이
얼마나 괴로웠을까?

배고픔과 빈곤에 허덕이는 자
말 못 할 일들을 가슴에 품은 자들
어이 보고 있을까?

추위가 오기까지
고슴도치의 옷을 빌려 입고
자신을 보호하는 모양이 신기하다

나 자신 자비의 맘이 익어가면
밤송이처럼 가슴 벌려
모든 것 다 내어 주고 싶다

계곡

한 몸으로 지탱하기 버거워
버티다 못해 갈라진 산
그 사이에 세월이 흐른다

잘려나간 몸에는
비록 흉물스런 자국이 남아도
아픔을 참으며 견디고 있다

바위가 깎기고
나무들이 자라 숲을 이루고
깊고 긴 상처가 아물고
절벽에는 폭포수가 떨어지는 비경이 되면
짐승들이 다시 뛰어놀게 된다

계곡은 언제나
수많은 생명이 기거하는 안식처 되어
삶의 터전이 된다

나는 폭포수 되어 흘러내리는 시詩를 낭송해
누구든지 듣고 즐기는 아름다운 계곡 되어
자연의 섭리를 함께 칭송하는
시인이 되고 싶다

호수에 비치는 가을

단풍잎 떨어져
나의 애잔한 눈길로 바라보고 있다

한여름 더위에 입은 상처
얼굴에 검붉은 반점이 몇 개 박혔다

아무리 지우려 해도
없어지지 않는 상처
어떻게 치유해야 할 방법이 없다

호수에 잔잔한 물결이 일면
단풍잎은 조용히 사라지기 위해
뭍으로 뭍으로 밀려가고 있다

시간은 자꾸만 세월을 밀어내고
내 마음은 점점 맑은 하늘을 닮아가며
호수에 비치는 하늘에 잔잔한 물결이 일면
하얀 구름을 품게 된다

굴국밥

푸른 바다
파도에 깎이고
거센 풍랑이 덮쳐도
두꺼운 껍데기 덮어쓰고
괴로움을 이겨내는 굴

컨베이어 벨트에 오르기 전
살을 찌운 하얀 젖가슴에
바다의 우유를 만들어야 했다

온몸을 흔드는 해조류와 함께
춤이나 추고 싶어도
배우지 못한 춤을 출 수가 없다

가는 길이 다르고
생각이 달라도
충실한 몸으로 손님 밥상에
굴국밥으로 올라와
사람들을 위해 희생하는 값진 삶이
오히려 주어진 운명인 것처럼 자랑스럽다

줄에 매달린 어릿광대처럼
많은 관람자들을 즐겁게 하는 모습이
내 가슴을 열게 한다

까치집

아파트 정원 키 큰 소나무에
이사 온 까치가 집짓기에 바쁘다

나뭇가지 사이에
짐을 내려놓고
사랑의 둥지를 짓고 있다

생육을 위한 열매를 맺기 위함인가?
욕망을 채우기 위한 발산인가?

심술궂게 질투하는 친구가 많아진 까치
두 마리의 싸움이
떼거리 싸움으로 변했다
전쟁이었다
내면에 도사리고 있는 욕망의 표출인가

둥지를 짓다 말고
화난 까치들은 떠나버렸다
삶의 본능이
인간의 본성을 닮아가는 듯 했다

가장家長

깎아지른 절벽에 둥지를 틀고
먹이 사냥을 나간다

수많은 언어를 가슴에 담고
둥지에 들어서면
잠겨 버리는 입술은 고장 난 기계 같다

사랑을 입안에 굴리고도
뱉지 못한 고목이 된다

그저 바라보면 흐뭇하게 생각해야 하고
가슴앓이가 생기면
다시 일어나는 오뚝이가 되어야 하는 가장

나는 가정을 지키는 독수리가 좋다

날개

까마득한 절벽을 날아오르는 독수리나
절벽을 잘 타는 산양은
생명을 유지하는 방법들이 다르다

나에게는 날 수 있는 날개도
바위를 잘 타는 다리도 없다

굴지의 회사 신입 사원에서
누구의 도움 없이
승승장구 해온 날들
가슴 뿌듯할 뿐이었다

언제 떨어져 뒹구는 낙엽이 될지 모르는
인생일지언정
날개가 부럽고
살아가는 지혜가 부럽다

가버린 가을

산야를 유랑하던 가을
풍류를 맘껏 즐기다 싫증이 났다

어느새 초목들은 슬픔에 울고
나뭇가지는
차가운 아픔을 노래로 견디고 있다

봄을 기약하며
견뎌야 하는 나무
먼 여정이 언제 끝날지
연탄 한 장으로 추위를 견디는
독거노인 되어 외롭고 고달프다

설화雪花 속에서 덮어 겨우내
동면을 이겨낼 위로가 있어도
꽃망울 터트릴 때까지
발걸음을 내디디고 있다

까치밥

시골집 담장에 서 있는
감나무 가지마다 아이들 웃음소리가 매달려
붉게 익어가고 있다

맨 꼭대기 가지에 홀로 앉아 있는
마지막 홍시 하나
지난날 추억에 깊이 빠진다

남을 위해 무엇을 했던가
스스로를 돌아보며
얼굴이 부끄러움에 붉게 물든다

곧 다가올 가난한 자의 배고픔을
채워줄 수 있는 자비로
영글고 싶다

겨울

추위에 얼어버린 나목
거미줄에 옭아 매인 먹이처럼
꼼작하지 못한다

시린 장갑 속에 감춘 고통과
등허리 찌르는 냉방
새우잠으로 밤을 지새우고 있다

봉사자의 따뜻한 손으로 배달되는 연탄은
미지근한 온기라도 느끼게 한다

부엌 옹기에 꽁꽁 얼어버린 물
한 모금 얻으려
아침 시간 다 보내고
한 뼘 양지에 앉아 굳은 몸 녹이는
외로운 독거노인

실낱같은 생명 위해
겨울과 마주 선 나목이 되어
봄을 기다리며 버티고 있다

열두 달

낙동강 천 삼백 리 길
다대포 앞 바다에 굽이굽이 흘러

갑진년 마지막 달까지 왔을 때
12월 달력이 벽에 매달려
외롭게 떨고 있다
스무 평 남짓한 채소밭에
서툰 기술로 씨앗을 뿌려놓고
수확만 기대하다
빈손 된 초보 농부
삐걱거리며 여기까지 굴러왔다

송년

여명黎明 따라 고개 내민 용龍 한 마리
하늘 향해 비상하는 모습을 취한다

십 리 길 오일장에서
밥 한 공기 먹을 동안
잽싸게 장을 보고 돌아온 순이처럼
하루가 눈 깜박할 새 지나간 옆집 팔순 할머니
십이월 달력 찢어 아궁이에 던져 넣고
'왜 이리 세월이 빨리 가노' 하면서 대문을 나선다

해는 이미 서산에 도달해 황홀한
노을을 연출하지만
비행하던 용龍은 열두 달 행락에 지쳐
산등선 넘어려다 꼬리만 걸친 채
넋을 잃고 있다

세월이 까마득하지만
봄 여름 가을이 오수午睡에서 깨어나
한 해의 마침표를 찍어야 하는 송년
앞으로는 더 소중하고 행복한 날이 되길 원한다

제3부 파도의 꿈

등대

바람이 세차게 불어와
거센 파도가 몰아쳐도
조금도 흔들림 없는 꼿꼿한 자세로 성화를 들었다

바다 위에 뜬 성화는
연해沿海를 향한 사랑의 손짓이기도 하다

깊은 밤 별들을 불러 모은 등대는
배들이 갈 길을
편안히 가도록 안내를 한다

방파제 위에서
바위 위에서
언덕에서
피로함을 잊은 채
열정을 태우며
신뢰 하나로 외롭게 늙어가고 있다

파도의 꿈

먼 바다에서 불어오는 바람은
파도를 만들고
끝내 바위에 부딪혀 포말을 만든다

꿈도 사라지고
잔잔한 물과 같이 살아야만 하는
노년

시퍼런 바다 위에 투영된 구름같이
슬픈 한(恨)이나 기쁨을 버리고
떠돌다 가야하는 길

수많은 이야기를 간직한 채
미지의 세계가 있는 항구로
소리 없이 흘러가고 있다

깃발

깃발
바람이 밀어 올린 애틋함은
계절의 기온과 관계없다

수억 년 전에 그어놓은 경계선을 넘나드는
배들의 깃발

사력을 다해 살고 싶은 표시인지
사랑하는 가족에게 알리는
귀향의 절규인지
무엇하나 놓칠 것 없다

가끔 비를 맞고 축 처진 깃발
답답해서 바라보는 게양대가
실의에 빠졌던 내 모습 같아
회한의 눈물을 흘리기도 한다

한마음 한뜻으로 바라보는 깃발이라면
자부심을 일깨워 주는
용기요 힘이 될 것이다

여유

바다를 보고 살아온 마음
너그럽다고 느꼈는데
거품만 가득 채워져 있었다

작은 폭풍에도 참지 못한 두려움
광풍은 슬그머니 바다로 다시 돌아간다

바다를 보며 키워온 어촌 민의 마음
소금에 절인 심보는 쉽게 볼 수 있으나
바닷물에 씻긴 마음은 어디에도 보기 어렵다

속 좁다고 친구를 충고했던 나
오히려 부끄러워진다

천진난만한 사람처럼
넉넉한 마음의 여유를 가지려
나는 오늘 바다보다
해운대 장산에 오른다

친구 맞이하는 마음

물안개 드리워진 아침
먼 객지에서 친구 온다는 소식에
큰길 지나 황량한 기운 서려있는 골목길을 지나
마중 나간다

형상강 황토물이 제방을 할퀴며
세차게 흐르고
논밭은 흥건히 고인 빗물로 가득하다

한기(寒氣)에 사시나무처럼 떨고 있는 상념은
차디찬 늪에 빠져 갈피를 잡지 못한다

친구가 어떻게 변해 있을까
더욱더 보고 싶은 나의 호기심

몸살을 앓아 불덩어리 같아도
사랑의 시련을 넘어
새로운 마음으로
친구를 만나고 싶다

추억 나들이

타향인 부산에서
친밀한 정으로 맺어 온 세 사람
팔순 동안 나의 뇌리에
고3생활이 또렷이 남아있다

경주에서 태동한 말짓거리
보물인양 여기 까지 끌 고와
텅 빈 전두엽에 간직한 능력이 대단하다

만나면 진절머리
못 보면 안절부절하는 우정
나룻배 낡아가도 친구 태워
항해할 키 잡은 손
아직도 청춘, 행복이 여기에 있다

걸을 힘 있을 때 자주 만나야지
머잖아
보고 싶어도 만날 수 없는 날이 오면
그 누가 우리에게
허구에 빠진 이야기라도 들려줄까

지나고 나면 추억이란 마냥 즐겁기만 하다

산복도로

허리 한번 제대로 펴지 못한
산동네 사람들
떠오르는 태양이 검다

산복도로 사람들은
쓸개 씹는 얼굴로 일터에 간다

오르내리기 힘든 걸음은
두 다리에 모래주머니를 달고
사는 것 같다

항상 아픈 꿈을 꿀 때가 많다
밤마다 저 아래 시가지는 은하수처럼
자동차 불이 흐르는 곳
낭만을 분수처럼 뿜어내지만
주민들은 괴로움에 지친다

질퍽하게 한恨이 맺힌 산복도로
야경의 명소가 되어도
거주자의 눈은 부시지 않다

나의 밤도
아름답고 화려한 야경의 관광지로
변신할 수 있을까

부끄러운 추억

시골에서 유학 와서 자취하는 친구
이구동성 서리할 것을 합의 하여
신주머니 하나씩 들고 나간다

주인에게 들킬까 봐
말소리, 발걸음 소리
조심스럽다

손가락이 호미가 되어 감자를 캐고
신주머니와 바지주머니에 가득 채워
도망을 나왔다

두근거리는 심장은 자취방 가까이 왔어
진정되었지만
아직까지 자책감은 지울 수 없다

삶은 감자 먹을 때면 생각나는
부끄러운 자화상이 자꾸만 떠오른다

허무한 절규

바위틈에 자라는 외솔나무
자신만만한 발걸음으로
단애에 이르면
떨어질 것을 모르고
의기양양한 거만으로
말 등에 올라탄 전사 같은 모습이다

동에서 떠오르는 해와 달
찬란한 빛을 가져도
서쪽으로 기우려야 하는 운명을
벗어날 수 없는
인간의 절규

허물어져야하는 육신은
명예도 부함도
바람 앞에 흔들리는 촛불과 같은 것

때늦은 후회의 눈물이
촛농 되어 흘러내려
굳어져 간다

흔적

주고받든 언어에
사랑이
짙게 익어 가고 있다

별들은 졸음에 겨워 깜박이고
유성처럼 흐르는 시간
이제, 헤어져야 할 시간이 되어
뒷모습이 아쉽다

썰물이 발자국을 지우지만
마음에 새겨진 흔적은 지우지 못하고
물 위에 내려앉은 달빛을 밟는다

내 가슴에서 떨어져 나간
그녀의 흔적
외로이 살아갈 수 없을 줄 알았으나
아픔을 참아가는 환자가 된 나
수술대 위에서 수술을 받고 있다

누구에게 말할 수 없는 상흔을 가지고
별을 보며 초연한 모습으로
밤에 해변을 걷는다

탐욕의 벌레*

우화寓話에는 숨어 있는 뜻이 깊다

여우가 호랑이 위세를 등에 업듯
사람은 권력을 휘둘러
망하기도 하고
끝도 없는 욕망을 산불처럼 태운다

탐욕의 대명사인
부판 벌레
무거운 짐에 깔려 죽는다는 우화
탐욕을 꾸짖는 이야기가 서글프다

* 중국 당, 송 8대 문장가 중 한사람인 유원종이 쓴 우
  화집 부판전에 나오는 상상의 벌레

재래시장

가게마다 생명이 살아있다
새 주인을 기다리는 얼굴들
상품의 가치가 여름철 열기보다 뜨겁다

구매자가 상품 앞에 서면
민감해 지기 때문에
재래시장 상인들은 단골손님을
인정으로 묶는다

재래시장에는
정가도 없고 브랜드를 찾지 않는
서민들 장터
과일, 채소, 생선, 가게를 기웃거리는
주부들은 한 푼이라도 아끼려는 흥정이
눈물겹다

시장 인정人情에 거래가 다반사로
상품과 함께 기쁨도 덤으로 따라온다

요즘은 길어진 여름 더위에
시들어 버린 잡초처럼
인정이 메말라 흥정소리만 요란하다

상인과 구매자의 눈치에
좋아할 여유도 없이
웃음과 불만이 뒤섞여 흐르는 강물이 되어
온정은 식어가 약사 빠른 계산만 성행하고 있다

저울을 보며

생계의 절벽에서 떨어진 사슴 한 마리
목숨은 건졌지만 다리를 움직일 수 없다

가족이나 동료들을 만나지 못할 고통이
아지랑이 피어오르듯
온몸에 스며든다

젊음을 포기하고 싶은 삶
희망은 어디에도 보이지 않는다
뇌출혈로 쓰러져
왼쪽 팔과 다리가 마비된
망오(望五)의 청년
사슴처럼 움직일 수 없어
우리에 갇힌 짐승이 된다

덫에 걸린 짐승의 절망과
가족의 손에 연명해야 하는
청년의 고통

사람이나 짐승이
다리기능을 상실했다면
서로가 느끼는 고통은
대동소이하지 않을까

동병상련의 저울로 달아보고 싶다

오솔길

해안을 끼고 야산이 등받이처럼
받치고 있는 꼬부랑 길

어둠이 깔리면 그녀와
애정을 키우며 걸어가던 길

열정이 익어 갈 무렵
태풍이 불어와 곱게 포개놓은
발자국의 흔적을 지워 버린다

비바람에 할퀴고 파도에 휩쓸려
공룡화석처럼 울퉁불퉁한 오솔길
목련꽃처럼 피어나 안개처럼
사라져 버린 꽃

수많은 세월이 흘러도 잊지 못한 추억
지금도 지워지지 않는 별이 되어
가슴 도려내는 아픔만 반짝이고 있다

동그라미

태양을 돌며 사계절을 만드는 우리네 땅
둥글지 않은 한반도에
밤은 밤대로
낮은 낮대로
각각 둥글다면
어둠과 밝음은 서로 충돌이 없고
세상이 두 쪽으로 갈라지지 않겠지

동심이 원(圓)을 따라 돌다
지나간 날로 다시 돌아올 수 있을까

네모난 물체는 모서리에 다칠 수 있으나
동그라미에서는 다칠 일 없다

지구는 둥근데
인간은 왜 이렇게 모가 나 있을까
세상살이가 힘겹다

숙제

난제를 싣고 가는 배
누구나 가는 길을 모르고 간다

목표는
언제나 험준한 산으로 올라가는 길
이것이 인생의 숙제다

등산 중에는
수많은 해결 방법을 찾기 위해
때로는 멈춰서기도 하여
머리가 지근거린다

숙제가 끝나면
앓던 이가 빠지듯
무엇을 씹어도 아픔이 없겠지

인생은 숙제를 풀며 살다가
숙제를 남기고 죽는가 보다

과속의 요트

신난 쾌속의 요트에 몸을 실었다

마음의 평화가 깨지고
하늘이 돌고 요트가 괴물로 까지 보이기 시작한다

일렁이는 파도가 부르짖는 소리에
위험하다는 신호가 우레같이 높다

요트를 타고달리는 사람들
법은 법전 속에서 졸고
옳은 말은
못쓰는 칼처럼 무디어 간다

노숙자

빈손으로 걱정을 초월하고
자유롭게 사는 사람들
속박에서 벗어나 훨훨 날듯이 살고 있다

아사餓死할 걱정도
거처할 집도 없지만
남루하여도 부끄럼이 없다

공원에서
지하도에서
세월을 되씹으며
한恨이 있어도 묵묵히 삼키고
원망 없이 살아간다

민들레 씨앗 바람에 날아가
이름 모르는 곳에서 싹이 터 자라나고
철새처럼 고향 없이 떠돌아다닌다

들풀처럼 바람에 흔들려도
꺾이지 않고
강물 되어 유유히 흘러간다

속박의 자유에서
해방된 자의 삶
득도한 무소유의 노숙자가 되어
걸어가고 있다

동상이몽

사업을 함께할 동업자와 자리에
등을 붙여 누우면 따뜻해지는 몸
같은 뜻을 품어 힘이 솟아나면
두려워할 것 하나도 없다

신뢰를 앞세우는 굳은 언약으로
의리를 외치는 술잔을 든 두 사람
각자 마음에는 손익계산이 달랐다

배를 함께 탓으나
지향하는 방향이 다르면
말로는 믿음을 줄 수 있지만
마음은 신의를 벗어난다

버려야 하는 것들

내 머리에 담을 것을
계산기로 두드리다 포기하기 일쑤다

물병 하나 들고
세월에 빼앗긴 체력으로
걷기가 힘들지만
가게 앞을 지날 때면
새로운 음식 상품 유혹에 눈길이 간다

욕심을 버린다 해도
호기심은 살아있어
용단 없는 마음에 생각이 쩔쩔맨다

머리는 자꾸 희어지고
언제 버려도 되는 것들인데
어쩐지 자꾸 품고 싶다

내일이면 빈손으로 가야 할 사람인데도….

쉼표

들판을 가로질러 달리는 기차
빠르게 달아난다

아무리 빨라도 잠시 쉬어 가는 곳
지나는 역마다
제때에 시간을 지킨다

우리의 젊은이들
잠시 쉰다면 꼴찌가 되는 줄 안다
모두가 긴장에서 살기 때문이다

나의 사생활에는 쉼표가 거의 없다
여태껏 오래 살아도
어떻게 쉬어야 하는지
서툴기 짝이 없다

다음을 위해
쉼표가 삶의 질을 높여 주는 점點이 되겠지만
생명을 이어주는 에너지 축적 장소일 것이다

제4부 종소리

종소리

이른 새벽마다
귓전에 머물렀던 종소리
요즘,
속죄 자를 위해 마련된 은총의 종은
찾을 길 없다

교회에서 성찬식을 기다리는 사람들
포도주를 마셔도 갈한 목
채울 수 없고
종소리 다시 듣는다 해도
생명수를 외면하던 사람들이
사색 없는 로봇으로 변해가고 있다

포기하지 않고
나를 기다리는 신(神)을 아무리 찾아도
어디에 계시는지 알 수 없다

아가페 사랑

질경이는 강인한 생명 속에서도 감정이 있을까?

마른 갈대는 바람에 휘둘려도
꺾어지지 않는 것은 무엇 때문일까?

질경이는 땅속에서
갈대는 늪에서
신(神)이 내리는 은총을 느끼고 있을까

갓 태어난 아기는
어미젖에서 사랑을 배우고
늙은이는 죽음이 가까이 오면
아가페의 사랑을 깨닫게 된다

지하철 안에서 노인에게
자리를 양보하는 행위나
배고픈 자에게 먹을 것을 주는 것이
필리아 일까? 아가페 일까?

깊은 땅속 바위틈에서 솟아나는
오염되지 않는 청수처럼
진정한 아가페의 사랑을 느끼고 싶다

인자 人子

아무도 알 수 없는 빛이 내린다

빛은 단순히 어둠을 밝히고
만물의 성장에 필요한 물질

빛이 가없은 인간을 구속救贖함을 아무도
몰랐다
하늘에서도 마구간에서도
세차게 뻗어 나오는 빛

빛을 지닌 자가
병든 자를 고치고
귀신을 담고 있는 어둠을
몰아내기 시작했다

구름처럼 몰려든 군중
하늘의 비밀을 전하고
영원으로 통하는 길을 열었다

이해하기 어렵지만 사람의 아들 이란다
'인자'라고 쓰인 책도 읽었다

죽음과 부활
증거의 굴레를 돌리고 있다

기도

감당 할 수 없는 비바람에
종말 같은 대혼란으로
거리마다 광장마다 깃발이 펄럭이고
갈라진 마음은
어울림에 소원疏遠해 지고 있다

모두가 한마음으로 뭉치지 않고
눈망울만 말똥말똥하다

기도로 니느웨*를 구한 도시처럼
풍전등화 앞에 놓인 이 현실
구하는 역사가 일어나야 할 것이다

* 구약 성경 요나 3장 8~10절에 나오는 도시

회개

회색 고층 빌딩이
꽉 차 있는 대숲처럼
삶의 공간이 막힌 가슴
한 곳이라도 환하게 뚫고 싶다

하늘의 색깔 따라 상쾌함과 우울함이
시시각각 변하는 마음
욕망으로 쌓아 올린 마음속
바벨탑을 허물어 버려야겠다

반성과 회개를 나이만큼 반복해도
시원치 못한 것은
진정한 회개가 무엇인지
오늘도 두 손 모아 기도 드린다

가시

세상 빛에 노출되는 순간
질곡 속에 갇힌 고통
밖으로 나오지 못해 꿈만 꾼다

사람마다 가시에 시달려도
깊이 박혀 뺄 수가 없다
몸부림쳐도
끝내 벗어날 수 없는 고통뿐이다

죽음이 올 때까지 품고 있는 가시
교만한 인간으로 태어나
쉽게 빠지지 않아

조금만 스쳐도 전달되는 통증
견디기 힘들지만
지고 가야할 숙명이라면
참아야 할 길 외에는 없다

손발에 못 박히고
옆구리를 창에 찔려도

우리는 침묵으로
이 아픔을 감당할 수 있을까?

머리에 쓴 가시면류관에서 흐르는
피를 바라본다

봉덕사종

산골짝도 울고 메아리도 울었다

듣는 자에 따라
다른 종소리가 퍼져나간다

은은히 들리는 슬픈 종소리에
가슴 시리도록 아프다

수 세기 지나도록 들리는
애틋한 울음소리
원망일까? 서러움일까?

쇠를 녹인 불구덩이에 떨어지는
아이의 비명이
슬픈 가락 되어 들린다

가슴을 휘감아 혼을 빼는
들릴 듯 말 듯 애절한 소리
아이를 시주한 어머니가 고달프다

끊어질 듯 살아나고
사라지다 이어지는 종소리
가슴에 사무쳐
천년이 지나도 한恨이 되어
무거운 침묵에 견디고 온 봉덕사 종

민족이 가진 한의 슬픔을!
침묵에서 깨어나
세속을 깨우칠 소리가 되어
입을 열고 높이 외친다

나는 봉덕사에서
깊은 잠에 깨어나
심금을 울리는 종소리를 듣는다

바라는 마음

산골 작은 못
산을 끼고 앉아 논밭을 내려다보고 있다

마을 뒷산 고라니가 물을 찾아 내려온
발자국을 본다

잘 꾸민 여인보다 순박한 산촌
아름답지만
이웃 간에 서로 보살피는 정이 더 두텁다

마을 사람들은 때 묻지 않는
자연 속에서 청순하게 살고 있다

도시는 사람이 만들지만
신이 만든 자연에서
평화로 덧칠한 산촌이 그립다

상생하며 살아가는 산촌
인간의 삶을 더욱 풍요롭게 한다

이것이 신神의 바람이다

삶의 조건

사람이 사람을 사랑하는 일에는
이기심이 있고 거짓도 있다

식물이나 동물에게 조건 없이 나누어 주는
사랑이 있다면
말로 표현할 수 없는 순수함일 것이다

남을 위해 스스로 죽음을 택한 사람들
모래밭에서 바늘 찾는 것보다 어렵다

진실한 사랑이
인간의 원초적 삶의 조건이 아닐는지…

필요한 저울

비가 쏟아지고
계속되는 천둥소리에
마음의 때를 씻어낸다

눈부신 태양이 떠오르자
마음에 있던 두려움 사라지고
아름다운 언어를 사용하려고 할 때
국화 꽃봉오리는 꽃잎을 연다

자연은 아름답지만
인간은 질서를 흩트리기 일쑤다

노한 홍수가 찾아와도
불쌍한 인간을 멸망시키지 않았다

테미스의 저울이 있지만
삶에서 가끔 평형을 잃을 때가 있다

앞으로 더 좋은 저울이 필요하다

광안리 해변

쾌락과 허영의 날개를 달고
화려한 조명을 받으며
춤추는 해변의 파도

먼 바다에서 밀려오는 외풍을
모래에 구겨 넣고 있는
바람 소리가 시끄럽다

육신은 방향을 모르는 목마를 타고
영혼은 향락의 화롯불에 타들어 가
잠을 설친다

연인들의 손과 손에 커피를 들고
타국의 땀방울을 마시며
즐겁게 혼돈의 무대 위로 걸어간다

별빛보다 밝은 조명에 모여든 방문객
내일이 없는 듯
온 몸을 태우는 신명 난 유희
광안리 해변에는
침묵하는 자들은 설 자리가 없다

몰운대

백두대간의 맥이 끊어진 다대포
바다를 건너려다 주저앉은
공룡이 보인다

애타게 바다만 바라보고
뭍으로 올라온 인어의 아픔이
더 큰 상처로 천년을 보내고
바다는 한(恨)을 뱉어 낸다

아무리 끌어내려도 움직이지 않는
큰 덩치에 질려버린 포세이돈*
몰운대는 바다로 향한 꿈을 포기하고 만다

꿈에서 깬 몰운대
숲을 만들고 절경을 만들어
사람들의 발걸음 불러 모은다

천릿길 달려온 낙동강을 곁에 두고 숱한
애환의 이야기 들으며
아름다운 낙조에 몸을 맡기면
사랑으로 푸른 바다 빛이 가득하다

* 포세이돈 - 그리스 신화에 나오는 바다의신

노벨의 깃발을 꽂다

한계 없이 사물을 볼 수 있는 눈
유와 무의 세계를 넘나든다

삶을 해부하는 예리한 펜은
생명을 살리는 걸작을 남기고
세상을 정복했다

노벨문학상의 깃발을 한국 땅에 꽂아
독자들을 깜짝 놀라게 한 것은
대 사건이었다

무명인

공원에 수많은 꽃들의 이름을 부르면
예쁜 꽃들은 우리의 가슴에 안긴다

이름이 없거나
불러줄 이름조차 모른다면
꽃이 아름답게 피지 않을 수 있다

이름 없는 자선의 손길은
죽어가는 자의 생명을 살리기도 한다
오른손이 한 것을 왼손이 모르게 하는
숨은 자의 구제
어두운 세상 비춰주는 햇불이 된다

이름이 없어도
흑암에 머무는 사람들 위해 바치는 이름을
크게 가슴에 달고
자비롭게 자선을 하는 유명한 천사
두 이름이 삶에 빛과 어두움이 교차 하는
교차점에서 신호를 하고 있다

안내자

무엇하나 가진 것 없어도
알 수 없는 힘에 떠밀려 왔다

겨자씨 한 알 안에 태양이 들어 있고
고통을 피할 그늘도 생기리라 믿는다

생명줄에 의지해 나온 목숨
나의 최초 발자국에
처음과 나중을 만든 신神일 것이다

모험 근성에 나의 세상을 바꾸려 애쓰는
나
언젠가 많은 사람에게
귀한 안내자로 앞서서 걷고 싶다

탐욕의 종말

새벽안개 자욱한 예루살렘
어두움을 밝히는
신의 언약이 있는 곳

검은 구름이 시가지를 휘감아
인간이 인간을 사냥하는
사막의 가자지구
탐욕의 종말을 앞당기고 있다

포성과 파괴된 건물
잔해가 널브러진 시가지에
매몰된 사람을 찾느라 땀방울이 흐르고 있다

달과 별이 빛을 잃고 천지는 어둠에 싸여
인간이 지옥을 만들고 있다

병사는 텅 빈
야자열매 껍질 속에 웅크린 채
생을 마감하고 있는 것이 보인다

▌작품 해설 ▌

지성智成 정정춘의 제1시집 『잔잔한 물결』을 읽고
-잔잔한 물결과 같은 심성으로 뛰어든 심미적 시 세계-

최원철 (부산대 명예교수, 시인, 수필가)

시詩의 근본적인 감성과 언어의 아름다움을 추구하는 본질적 심미성審美性이 있어야 한다. 시詩를 쓰는 작가가 가지고 있는 정서적인 감정이나 사상, 종교, 철학까지 토대가 되는, 이러한 지식을 통한 소재들이 단순한 노래가 아닌 예술적 가치를 반영될 수 있는 승화된 문학적 작품을 쓰도록 추구하는 것이 오늘날 요구하는 중요한 과제가 아닐 수 없다.

정정춘 시인의 첫 시집 『잔잔한 물결』에 대한 내용을 살펴보면 제1부는 『밤하늘에 그리는 마음』, 제2부는 『소꼴 먹이는 날』, 제3부는 『파도의 꿈』, 제4부는 『종소리』로 꾸며져 있다

정시인의 첫 시집은 대체로 어떤 소재를 다룰 때 거기에 내재해 있는 감정을 형이상학적인 면과 연결시키려는 것을 알 수 있다. 감정에서 나오는 파장이 정서로 나타나고 이 정서가 순수시의 생명과도 같다고 생각한다.

정정춘 시인의 시詩는 일반적으로 순수시에 속하며 서정적인 시詩에 해당한다고 본다.

제1부 『밤하늘에 그리는 마음』에서,

비탈길에 구부러진 노송
얼마나 고통스러웠으면
허리 한번 펼 수 없었을까?
가지 끝마다 돋아난 슬픈 추억들이
세찬 바람에 매달려 있다

솔방울은 노송의 삶을 품어
풍상에도 언어를 다듬어 안고
익을 대로 익은 이야기들
하나하나 내 가슴에 박힌다

세월이 흐른 후 퇴색된 낙엽
홀로 떠나기 두려운지
텅 빈 허수아비가 되어 들판에 서 있다

나는 몇몇 기억을 되찾아
가슴에 남아있는 애중愛重한 언어들을
소생甦生 시킨다

지난 추억을 소중한 정성으로
시詩를 읊고 쓰고 싶다

- 「그리움은 시詩가 되어」 의 전문

위의 시에서 정시인의 현재 자신의 처지를 말하고자 한다. 팔순이 넘도록 살아온 삶이 **"비탈길"**이었으며 그 길에서 **"구부러진 노송"**이 된 자신을 은유적으로 표현된 것이다. 시인의 살아온 추억들이 **"가지 끝마다 돋아난 슬픈 추억들이/ 세찬 바람에 매달려 있다"**고 회상하며 뿐만 아니라 지금, **"텅 빈 허수아비가 되어 들판에 서 있"**는 것처럼 느끼고 있다. 정정춘 시인은 지나간 추억을 기억하며 **"가**

슴에 남아있는 애중愛重한 언어들을/ 소생蘇生 시"켜 "시詩를 읊고 쓰고" 있다고 말한다.

  정시인은 늦은 나이에 시인으로 등단하여 첫 시집을 이 세상에 내어놓는다는 즐거움도 있지만 그보다 시인이 되었다는 자부심을 가지고 시를 배우고 있다. 참으로 귀감이 될 일이 아닐 수 없다. 순수시는 전통적인 정서나 이야기보다 작가에 들어오는 현상, 그리고 생각하고 있는 소재를 포착하여 서정적 인상을 예술적으로 다루게 되는 것이다. 그래서 시를 통해 사상이나 감정을 상징적(은유적)으로 전달하려고 시도 하고 있다.

  정정춘 시인은 팔순에 들어섰어도 어머니를 그리고 있다. 그의 시 「밤하늘에 그리는 마음」에서 이미 이 세상에 계시지 않는 어머니 생각을 하며 별을 바라본다.

어머니와 함께 별을 쳐다보던 어린 시절
아름답던 별들이
오늘따라 점점 빛을 잃어가지만
날개 돋친 천마를 타고 뭇 별들 사이를
지나는 페가수스*가 되어
시詩의 세계를 향해 달리고 있다

동굴 같은 침묵의 밤에
별처럼 많은 대화를 되뇌었던 지난날
지금,
어머니는 어느 별에 계시는지 알고 싶어
추억의 낱장을 넘겨 가며
하나하나 기억을 되살려 노트에 쏟아붓는다

밤하늘 고요 속에서도

빛을 내는 별들
은하수 곁에 내 마음을 그려 넣고
시詩로 색깔을 덧입히고 있다

* 페가수스별 - 그리스 신화에 나오는 날개 달린 천마

- 「밤하늘에 그리는 마음」의 전문

 위의 시편에서 정정춘 시인이 밤하늘을 쳐다볼 때마다 까마득한 어린 시절의 추억이 생각이 나지만 생생한 추억들은 세월 따라 퇴색이 되어가더라도 지금까지 쌓아 올렸던 지식 가운데 그리스 신화의 페가수스별의 이야기가 머리에 떠 올랐던 모양이다. 물론 모두가 알다시피 천마 페가수스는 고르곤 메두사와 포세이돈의 자식이었는데 천마의 역할은 제우스의 천둥과 벼락을 실어 날랐고 하늘과 땅을 잇는 단순한 교통수단이라기보다 종교적, 의례적 도구인 셈이다. 그래서 정정춘 시인은 페가수스별을 생각하고 천마를 타고 하늘에 올라 그리운 어머니를 상봉할 것을 꿈꾸었을 것이다. 그런데 정시인의 특이한 것은 현실에서 만나지 못한 한을 시詩의 세계에서 어머니를 그리고자 하는 것이다. 즉, 시詩로써 어머니를 만나고 싶은 심정을 나타내고 있다.

여명을 깨우는 파도에
굽이치는 해안선을 휘감는 은파
수많은 세월 동안 물 위에서
백조의 춤을 추고 있다

뒤꿈치를 들고 물 위를 조용히 날고 있는
푸른 꿈
여린 가슴에 사랑이 꿈틀대고

달빛이 물결 위에 은가루를 뿌리면
축하의 향연이 시작된다.
찬란한 쌍무지개가 물결 위에 뜨고
해변에 은파가 반짝이면
내 마음속
잔잔한 물결에 기쁨이 인다

나는 다시 태어나
고요히 은빛 물결에 내 마음을 적시며
하루가 조용히 저물고 있다

- 「잔잔한 물결」의 전문

위의 따옴 시는 정정춘 시인의 제1 시집의 제목이 주된 시편이다. 새벽을 깨우는 파도 소리에 해안선은 빛에 반짝이는 은파를 보고 "백조의 춤을 추고 있다"고 말한다. 아름다운 정적인 환경을 잘 나타내고 있다. 그는 역시 조용하고 잔잔한 물결과 같은 성징을 가지고 있다. 백조는 "물 위를 조용히 날고 있"지만 그 날고 있는 것이 습관적으로 날고 있는 것이 아니라 "푸른 꿈"을 가진 사랑이다. 더욱이 달빛이 물결 위에 내려앉는 것을 은가루를 뿌린다고 말하고 그때가 되면 "축하의 향연이 시작"되는 것이다. 시의 심미성이 시작되며 화려한 시의 의미를 창출하게 한다.

축하의 향연이 베풀어질 때 **"찬란한 쌍무지개가 물결 위에 뜨고"** 시인의 마음속에는 잔잔한 기쁨의 물결이 일어난다고 한다. 진정한 기쁨은 화려하고 시끄러운 것보다 잔잔한 물결처럼 조용한 기쁨이 더 매력을 가진다. 그래서 정 시인은 **"나는 다시 태어나/ 고요히 은빛 물결에 내 마음을 적시며/ 하루가 조용히 저물고 있다"**고 고백을 한다.

제2부 『소 꼴 먹이는 날』에서,

고삐를 잡은 어린 소년
암소 그림자 따라 산으로 간다

여기저기서 모여드는 친구들
각자 소뿔에 고삐를 감아올리고
제 할 일이 바쁘다

망개 열매 따다가 목에도 걸고
도라지며 잔대를 캐는 아이들
때때로 시원하게 누워 구름을 친구삼아
자유와 평화를 누린다

서쪽 산등성이에 해가 도달하기 전
아이 하나가 소를 몰고 오면
나머지 소들이 따라오는
옛 시골의 풍경을 잊을 수 없다

워낭소리 앞세우고 내려오는 산길
노을빛 아름답게 비춰주는 고향 언덕
소먹이던 그때가 그리워진다

- 「소 꼴 먹이는 날」의 전문

　　서정시는 시인 자신이 가지는 체험을 고조된 감정의 상태에서 생각이나 태도 따위를 드러내어 밝히며 시문학적 기본 유형을 이루고 있다. 위의 시편에서 "**고삐를 잡은 어린 소년/ 암소 그림자 따라 산으로 간다**"의 시구가 옛날 농촌의 소년들이 소 꼴을 먹이러 산으로 오르는 것을 생각나게 한다. 한 아이가 나오면 여러 아이가 모여들어 "**각자 소뿔에 고삐를 감아올리고/ 제 할 일**"에 바쁜 것은 소들이 충분히 소 꼴을 먹을 동안, 아이들은 "**도라지며 잔대를 캐**"고, "**때때로 시원하게 누워 구름을 친구삼아/ 자유와 평화를 누리**"는 농촌의 목가적인 풍경을 그리고 있다.

오늘날 이러한 풍경은 매우 드물다. 연세가 많은 분이 아니고는 경험하기 어려운 현상이다. 그만큼 서정적 환경이 메말라가고 있는 것이 현실이다. 자유와 평화를 누리는 여유 있는 마음을 가지고 있는 아이들은 "**서쪽 산등성이에 해가 도달하기 전**"에 "**워낭소리 앞세우고**", "**노을빛 아름답게 비춰주는 고향 언덕**"을 내려오는 "**소먹이던 그때**"를 "**그리워**"하는 것이다. 아마도 정정춘 시인은 그 당시 어린 소년으로 경주에 살면서 누려본 체험적 서정시인 것 같다. 이러한 환경 속에서 살아왔기에 정 시인의 마음은 잔잔한 물결과 같을지 모른다. 우리나라 순수시의 초기에 김영랑, 정지용 등이 시어의 심미적 미학을 추구하여 서정적 순수시의 기틀을 마련하였다. 우리의 눈으로 들어오는 모든 현상을 내면의 감성을 주관적 표출을 하게 된다.

제3부 『파도의 꿈』에서,

먼 바다에서 불어오는 바람은
파도를 만들고
끝내 바위에 부딪혀 포말을 만든다

꿈도 사라지고
잔잔한 물과 같이 살아야만 하는
노년

시퍼런 바다 위에 투영된 구름같이
슬픈 한(恨)이나 기쁨을 버리고
떠돌다 가야 하는 길

수많은 이야기를 간직한 채
미지의 세계가 있는 항구로
소리 없이 흘러가고 있다

- 「파도의 꿈」의 전문

　망망대해에서 떠 있는 배처럼 지금까지 살아온 삶에서 어떤 바람에 의해 파도가 되어 다가와도 잘 살아왔지만, 큰 바위와 같은 난관을 만나면 결국 사라지는 포말과 같음을 말하고 있다. 노년이 되어 인간의 꿈마저 사라지고 조용히 지내다 마는 노년이 된 것을 정 시인은 느끼고 있다. 파도가 아무리 높아도 그 품고 있는 슬픔이나 기쁨을 버리고 떠돌다 가야 하는 인생의 길인 것이다. 이렇듯 파도라는 언어가 가지는 함축성을 드러낼 수 있는 인식으로 끌어들인다.

　정 시인은 드러난 현상으로 관념적 본질을 이해시키려 한다. 이 시는 외적으로 나타나는 묘사만 중시하는 것이 아니고 함께 비유적 이미지를 지향하고 있는 셈이다. 결국 정정춘 시인은 여태까지 살아오면서 "**수많은 이야기를 간직한 채/ 미지의 세계가 있는 항구로/소리 없이 흘러가고 있**"는 것을 노래하고 있다.

제4부 『종소리』에서

이른 새벽마다
귓전에 머물렀던 종소리

요즘,
속죄 자를 위해 마련된 은총의 종은
찾을 길 없다

교회에서 성찬식을 기다리는 사람들
포도주를 마셔도 갈한 목
채울 수 없고
종소리 다시 듣는다 해도
생명수를 외면하던 사람들이
사색 없는 로봇으로 변해가고 있다

포기하지 않고
나를 기다리는 신神을 아무리 찾아도
어디에 계시는지 알 수 없다

- 「종소리」의 전문

  정정춘 시인의 「종소리」의 시적 원천은 신앙이다. 정 시인은 그 신앙에서 영적 교감과 시적 언어를 기반으로 신앙 시의 공간을 만들어내고 있다. 수십 년 전에는 **"이른 새벽마다/ 귓전에 머물렀던 종소리"**가 들리지 않아 **"요즘,/ 속죄 자를 위해 마련된 은총의 종은/ 찾을 길 없다"**고 하소연한다. 교회에서 예수님을 기념하기 위해 마시는 포도주에도 갈한 심령의 목을 축일 수 있는 진실된 믿음보다 형식적인 삶이 더 많아 비록 생명수를 마신다 해도 회개보다 외면으로 **"사색 없는 로봇처럼 변해 간다"**고 애통해하고 있다.

  그래도 시인은 **"포기하지 않고" "신神을 아무리 찾아도/ 어디에 계시는지 알 수 없다"**고 생각한 바를 사실대로 솔직하게 말한다.
  완전하지 않고 부족한 인간이지만 사랑의 신앙으로 살아가는 인식과 믿음이 있어야 할 것이다.

정정춘의 시집 제1부에서는 통상으로 가지는 인간의 사랑, 특히 어머니를 소재로 시작하였고 일상생활에서 보고 들었던 소재로 시를 쓴 동시에 자신의 내재해 있는 감성의 목소리를 세상에 내놓았다. 제2부에서는 지금 팔순으로 접어들었지만, 항상 마음에 남아있는 어린 시절, 특히 고향 뒷산에서 일어난 일들을 기술하고 있다. 그리고 제3부에서는 젊을 때 가졌던 희망을 파도의 꿈으로 엮어 내었다. 마지막 제4부에서는 정 시인의 모든 삶의 종착역으로 향하는 길에서 종교적 귀의하는 것을 볼 수 있다. 정 시인의 특이한 삶을 예로 들면, 철저한 불교 신앙을 가진 불자로서 우연히도 아주 우연히도 기독교로 개종하여 깊은 신앙 생활을 하고 있는 시인이다. 그러므로 시인이 가지는 신앙은 여느 사람과 다르다. 영적인 세계와 소통하는 시적 대화를 이루고 있는 것이다. 앞으로 정 시인은 빛을 향한 시인의 소리를 낼 것이며 궁극적으로 맑고 정결한 시의 세계를 지향하리라 믿는다

시는 은유와 비유, 이미지화, 선율이나 운율로 이루어지나 지금 현실에서 많은 과학적 정보까지 합해서 상징성을 중요시하는 시 학도들이 늘어나고 있다. 일반적으로 시인이 보는 것은 현실이며 그 현실에서 삶을 중요시하고 있는 편이다. 현실적인 삶에서 시의 상징성을 시인의 고뇌와 사색을 통해 과학적 가치의 우월성을 노래하려고 애쓰고 있다. 그러므로 과학적 현상에 대한 시적 대상을 꼼꼼히 들여다보고 관찰해서 다시 시인의 의식과 조우시켜 시를 창조해 낸다.

정정춘 시인은 다양한 삶의 길목에서 얻어진 경험과 체험 사고 및 고뇌를 가급적 시로 승화시켜 시를 쓰려고 노력하는 것이 제1집에 나타나고 있다. 격려할 만한 일이다. 이제는 더욱더 발전하여 다른 이들이 도저히 따라올 수 없는 시의 세계에 뛰어들어 매진하기를 바라며, 첫 시집 잔잔한 물결을 상재케 된 것을 진심으로 축하의 말씀을 드린다.

잔잔한 물결

2025년 5월 28일 인쇄
2025년 5월 30일 발행

지은이 | 정정춘
펴낸이 | 박중열
펴낸곳 | 다솜출판사
         부산광역시 중구 대청로 135번길 10-1
         TEL.(051)462-7207~8 FAX. 465-0646
등록번호 1994년 4월 22일 제2001-000001호

정가 12,000원

* 저자와 협의에 의해 인지를 생략합니다.

ISBN 978-89-5562-817-3   03810